어머,
다섯 가지 감각이
뭔 줄 아니?
엄마, 다섯 가지
감각 탐정놀이
할래요?

글 이춘영

서울에서 태어나 연세대학교에서 생활과학을
공부했습니다.
그동안 <무엇이든 척척 일하는 자동차> 등 어린이를
위한 재미난 글들을 썼습니다.
현재는 두 아이를 키우며 생활 곳곳에 숨은
갖가지 이야기를 따사로운 어린이책으로
살리기 위해 노력하고 있습니다.

그림 박정섭

1979년 전북 익산에서 태어나 일러스트 아카데미를
수료하였고, 2007년 한국안데르센 공모전에서
창작부문 특별상을 받았습니다.
현재는 그림책과 창작 작업을 하며 아이들의 내면의
놀이터를 만들어 주기 위해 항상 노력하고 있습니다.
작품으로는 <삼국유사 김알지>, <뿔이 멋진 찰스>
등이 있습니다.

감수 박시룡

경희대학교 생물학과를 졸업하고 독일 본대학교에서
동물행동학을 전공하여 박사 학위를 받았습니다.
한국교원대학교 생물교육과 교수, 황새복원연구센터
소장을 지냈습니다.
지은 책으로 <와우! 우리들의 동물친구>,
<동물행동학의 이해> 등이 있고,
옮긴 책으로는 <딱새를 속여 번식하는 뻐꾸기>,
<진딧물을 길들이는 붉은개미> 등이 있습니다.
KBS <동물의 세계>, <동물의 왕국>의 감수도 맡고 있습니다.

우리 몸 · 감각 기관 **03 민이의 탐정놀이**

이춘영 글 · 박정섭 그림 · 박시룡 감수
펴낸곳 (주)아람키즈 | 펴낸이 이소영 | 주소 서울특별시 성동구 성수이로 147, 아이에스비즈타워 2F
고객센터 1644-4521 | 팩스 02-468-5548 | 홈페이지 www.aramkids.co.kr | 출판등록 제2020-000011호
기획 · 편집 · 디자인 (주)아람키즈 하늘땅
ISBN 979-11-6543-512-7 979-11-6543-574-5(세트)

민이의 탐정놀이

이춘영 글 · 박정섭 그림 · 박시룡 감수

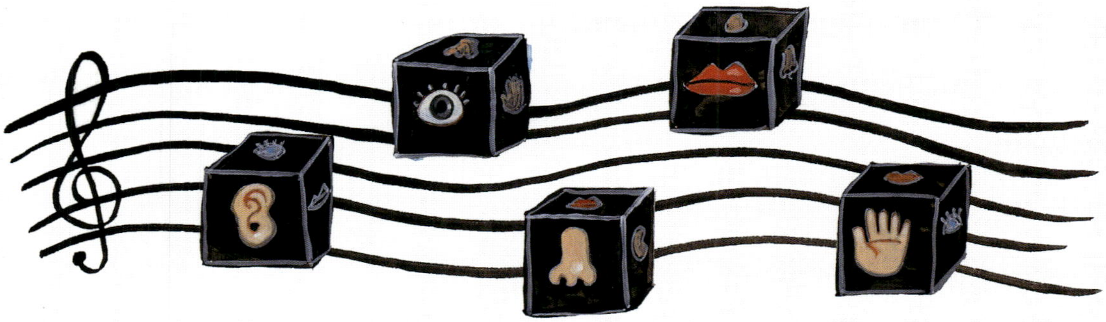

아람키즈

민이가 동생을 때려서
엄마에게 혼이 났어요.
"은지가 내 로봇을 부쉈단 말이야!"

민이는 화가 나서
방으로 들어와 버렸어요.

'엄마는 언제나 은지 편이야.
방에서 절대로 안 나갈 거야!'

“민이야, 이제 좀 나와 봐.
정말 안 나올 거니?”
밖에서 엄마가 민이를 불러요.
“싫어! 안 나갈 거야!”

잠시 후, 문밖이 조용해졌어요.
'어? 엄마가 밖에 나가셨나?
오늘은 내 생일인데,
내 마음대로도 못 하고.
나 정말 화났어!'

심심해진 민이는
엄마가 뭘 하는지 궁금했어요.
문에 귀를 대고 소리를
들어 봤어요.

덜그럭 덜그럭

'음, 이건 그릇이랑 냄비 소리인가?'

타타 다 다 닥

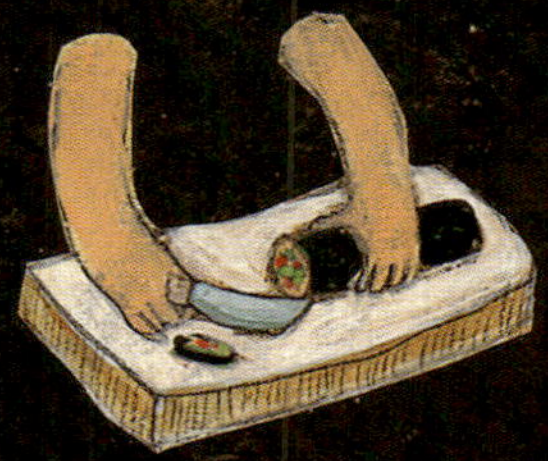

'이건 도마질하는 소리 같은데…….'

으앙~

'어, 은지가 넘어졌나?
그냥 나가 볼까?'

귀로 소리를 들어요

공기의 떨림이 물결처럼 퍼져 귀에 전달되면 소리를 느끼게 되지요.

띵동~.

누가 왔나 봐요.

"우리 왕자님 어디 있니?"

'와, 할머니 목소리다!'

"민이야, 화났다며? 어서 나와 봐."

'삼촌도 오셨네!

맞다, 난 지금 화가 났지.

절대로 안 나갈 거야.'

귀로 소리를 들어요

사람은 모두 목소리가 달라요. 그래서 소리만 듣고도 누군지 알 수 있지요.

RO BOT

"민이야, 배고프지?"
엄마 목소리가 들려왔어요.
부엌에서 맛있는 냄새도 솔솔 날아왔어요.

'아, 고소한 참기름 냄새.
음, 이건 생선 굽는 냄새 같은데?'

코로 냄새를 맡아요

보이지 않는 냄새 알갱이가 공기를 통해 날아오면 코 천장에 다다르지요.
우리의 코는 수천 가지 냄새를 구별할 수 있어요.

'앗! 맛있는 갈비찜 냄새다.'
냄새만 맡았는데도 침이 저절로 고여요.

꼬르륵~.

민이는 배가 고파지자 심술이 났어요.

'배 하나도 안 고파. 나가나 봐라!'

코로 음식 맛을 느껴요

코는 냄새도 맡지만 음식의 맛도 느끼게 해 줘요.
그래서 감기에 걸려 코가 막히면 음식 맛을 제대로 못 느끼게 된답니다.

띵동~.
또다시 초인종이 울렸어요.
"민이야, 아빠 왔다!"
기다리던 아빠 목소리가 들려왔어요.
민이는 왠지 서러운 기분에
눈물이 날 것 같았어요.

아빠가 방으로 들어와
민이를 꼭 안아 주었어요.
"생일 축하해!"
'까슬까슬 아빠 수염. 따갑지만 기분은 좋아.'
아빠가 민이를 번쩍 안아 데리고 나왔어요.
어느새 민이는 화가 다 풀렸어요.

피부로 느껴요

피부에 무엇이 닿으면 부드러운지 따가운지 알 수 있어요.

민이생일

민이는 거실로 나가
할머니 품에 안겼어요.
"우리 민이, 생일 축하해!"
'물렁물렁 할머니 배.'

언제나처럼 삼촌 팔에 매달렸어요.
"그래, 이렇게 삼촌이랑 놀아야지!"
'단단한 삼촌 팔뚝.'

그리고 엄마에게 달려갔지요.
"엄마, 잘못했어요."
엄마가 민이를 꼭 껴안아 주었어요.
'포근한 엄마 가슴.'

피부로 느껴요

피부에 무엇이 닿으면 단단한지
물렁한지 포근한지 알 수 있어요.

"우아!"

생일상을 보고 민이는 깜짝 놀랐어요.
눈으로 보니 맛있는 음식이 정말 많아요.
민이의 생각대로 생선구이와 갈비찜이 있어요.
고소한 참기름으로 만든 건 알록달록 잡채였고요.
게다가 과일샐러드와 딸기케이크까지!

눈으로 물체를 보아요

빛이 눈에 들어오면 사물의 모습이 눈에 맺혀요.

HAPPY HAPPY
MILOLO

"잘 먹겠습니다!"
짭조름한* 생선구이, **달착지근한*** 갈비찜,
새콤한 과일샐러드, 달콤한 딸기케이크.
입 안 가득 여러 가지 맛을 느꼈어요.
모두 모두 너무나 맛있었어요.

혀로 맛을 보아요

혀의 돌기에 음식이 닿으면 단맛, 짠맛, 신맛, 쓴맛을 알 수 있어요.

"민이야, 방에서 혼자 심심했지?"
삼촌이 민이의 머리를 쓰다듬으며 말했어요.
"아니, 탐정놀이 했는걸.
보지 않아도 엄마가 뭘 하는지 다 맞혔다고!"
"그럼 할머니 선물도 맞혀 볼래?"
할머니가 선물을 주시며 말씀하셨어요.

귀에 대고 흔들어 보니
달그락달그락.

코를 대고 킁킁
냄새를 맡아 보니
향긋한 과일 향기.

눈을 감고 손으로
더듬더듬 만져 보니
동그랗고 딱딱한 기다란 막대.

"아하! 알았다."

민이가 자신 있게 말했어요.
"이건 바로 내가 좋아하는
달콤한 막대 사탕이에요!"
"와, 정말 잘도 맞히네."
할머니가 흐뭇하게 말씀하셨어요.

COFFEE
MILOLO

뿡~ 뿌지직.
'어? 이 소리는?
구리구리 이 냄새는?'
"으악! 엄마, 은지 똥 쌌어."
민이는 어느새 쌩하고 도망갔어요.
"민이야, 어디 가? 탐정놀이 더 해야지, 하하!"

신나는 과학놀이

문제 다음 중 소리를 듣고 냄새를 맡는 곳은 어디일까요?

① 눈, 입　② 입, 코　③ 귀, 코　④ 코, 입

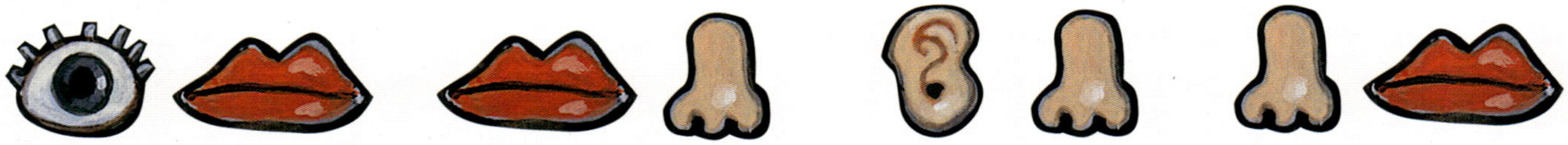

정답은? ① ② ③ ④

문제 민이의 말 중 **틀린 것**을 고르세요.

① 킁킁, 생선구이 냄새는 코로 맡아.

② 아빠의 멋진 목소리는 손으로 느껴.

③ 달그락달그락 소리는 귀로 들어.

④ 생일 케이크에 촛불이 몇 개 있는지는 눈으로 알아.

정답은? ① ② ③ ④

정답: 3, 2